Tradingpsychologie für Einsteiger

Wie Sie Ängste und Stress beim Trading ausblenden, rationale Entscheidungen treffen und Ihre Gewinne maximieren

inkl. der 7 besten Expertentipps für langfristigen Erfolg

Oliver Bley

INHALT

Das erwartet Sie in diesem Ratgeber

Die Börse und der allgemeine Handel mit Wertpapieren, Aktien und Co. werden in der gesellschaftlichen Mitte oft mit negativen Gedanken assoziiert. Für eine Vielzahl der Menschen überwiegen die Risiken am spekulativen Kapitalmarkt.

Die Angst vor dem vollständigen Verlust des eigenen Vermögens ist zu groß. Doch woher kommen diese Ängste und negativen Assoziationen und sind diese gerechtfertigt bzw. angemessen in der heutigen Zeit? In diesem Ratgeber erhalten Sie Einblicke in die Welt der Trader, der Menschen, die ihr Geld mit dem Ziel eines maximalen Vermögensaufbaus an der Börse anlegen. Sie werden erfahren, wie sich das Trading auf die menschliche Psyche auswirkt. Sie werden Umsetzungsmöglichkeiten kennenlernen, um ihre Gedanken steuern zu können, wichtig ist es hierfür zunächst, diese zu verstehen. Hierfür werden Ihnen Ratschläge und Tipps der erfahrenen Börsianer aufgezeigt, welche möglicherweise Ihr negatives Bild von der Börse und deren Tradern verändern wird.

Denn in Zeiten geprägt von der Corona-Krise, unsicherer Rente und der allgemeinen Inflation, sprich dem schleichenden Wertverlust Ihres Geldes, ist es unumgänglich, für seine eigene Altersvorsorge zu sorgen. Dies kann langfristig gelingen und hierfür bedarf es Kenntnissen und Expertise, auch und vor allem bezüglich der Auswirkungen auf die eigene Psychologie im Verhalten mit dem eigenen Trading. Wenn Sie diesen Ratgeber lesen, werden sich Ihnen möglicherweise neue Sichtweisen in Bezug auf den langfristigen Vermögensaufbau erschließen. Sie werden einen klaren Blick auf die Risiken und

Chancen des Tradings entwickeln und die Auswirkungen auf die menschliche Psyche nachvollziehen. Denn nur, wer diese zu kontrollieren versteht, der wird langfristig erfolgreich sein Vermögen an der Börse aufbauen können. Denn der spekulative Aktienmarkt bringt einige vielversprechende Chancen mit sich, diese gilt es, für sich zu nutzen.

Die Basics des Tradings

Zu Beginn lernen Sie Basiswissen über Trading kennen. Stellen Sie sich vor, wir bauen ein Haus. Damit der Hausbau beginnen kann, müssen wir erfahren, wie das Grundgerüst auf dem wackligen Boden stehen kann. Wir wollen nicht, dass beim ersten Regen alles weggeschwemmt wird.

Wir wollen eine solide Grundlage und hierfür müssen wir die Basics zunächst kennenlernen und noch viel wichtiger, wir müssen diese verstehen. Zusätzlich sollten wir uns dieses Basiswissen immer wieder vor Augen führen, um es in unserem Mindset verinnerlichen zu können.

INVESTOR ODER TRADER?

Am Anfang Ihrer Trading-Karriere müssen Sie direkt eine wichtige Entscheidung treffen. Sind Sie ein Investor oder ein Trader? Doch was genau ist hiermit eigentlich gemeint und wo liegen die Unterschiede? Welche Vor- und welche Nachteile bringen die Anlagestrategien mit sich?

Investor

Ein Investor ist gemäß dem Duden eine „Person, Firma oder Ähnliches, die investiert, also das Kapital anlegt. Auf Englisch bedeutet „to invest" – etwas anlegen". Somit ist ein Investor jemand, der Geld von sich nimmt und in ein Unternehmen investiert bzw. anlegt. Er hat dabei die Erwartungshaltung, dass das Unternehmen mit dem Geld sinnvoll umgeht und damit nutz- und gewinnbringend arbeitet.

Hierbei geht es meistens um einen langfristigen Anlagehorizont, welcher sich oftmals über mehrere Jahrzehnte erstrecken kann. Sinnvoll ist es als Investor, vor der Anlage eigene, persönliche Ziele zu definieren, welche ein Unternehmen erreichen sollte.

Solange diese Ziele mittel- oder langfristig erreicht werden und das Unternehmen sich auf einem positiven Weg befindet, sollten sich die Investoren von kurzfristigen Kursschwankungen nicht aus der Ruhe bringen lassen. Wenn das Unternehmen die festgelegten Ziele nicht erreicht, so kann aus einem Investment komplett oder stückweise ausgestiegen werden.

Trader

Geht man nun wieder nach dem Duden, so versteht man unter einem „Trader" einen Anleger mit überwiegend spekulativem Interesse.

Der Ursprung des Begriffes stammt aus dem Englischen und bedeutet wörtlich übersetzt „Händler". Zur Unterscheidung zum Investor ist vor allem der Begriff „spekulativ" von Bedeutung. Spekulative Interessen sind zu assoziieren mit „kurzfristigen" und „riskanten" Interessen.

Unterscheidung

Trader sind auf kurzfristiges und riskanteres Investieren ausgerichtet, es geht darum, oft und schnell zu handeln und Gewinne einzufahren. Hierbei spielt die

Verlustbegrenzung eine wichtige Rolle. Es geht darum, sinnvolle Einstiegssignale zu erkennen und dabei Emotionales klar abzugrenzen.

Investoren sind langfristig ausgerichtete Anleger, die ihr Geld einem Unternehmen zur Verfügung stellen, damit dieses schneller wachsen und mehr Profit erzielen kann. Der Anleger profitiert vom Erfolg des Unternehmens. Ein Investor sollte sich zwar nicht von seinen persönlichen Überzeugungen blenden lassen, allerdings können bei der Unternehmensauswahl die eigenen Werte mit einbezogen werden. Legt man beispielsweise viel Wert auf das nachhaltige Handeln eines Unternehmens, so kann bei der Analyse eines Investments dies berücksichtigt werden. Somit können Investoren in ihren Anlagen ihr eigenes Weltbild einbeziehen.

Ein bedeutender Unterschied zwischen den beiden Anlagetypen ist der Faktor Zeit. Während Investoren ein Investment aufwendig analysieren und diese stets überprüfen, müssen Trader nur einen Bruchteil der Analysearbeit leisten. Allerdings müssen diese kurzfristig viel häufiger Trades durchführen und diese beinahe stündlich überwachen. Daraus resultiert, dass sich das Investieren leichter neben einem Beruf tätigen lässt als das Trading. Denn dieses benötigt beinahe ständige Überwachung, um die Chancen und technischen Einkaufsignale am Markt, also günstige Einkaufspreise, wahrzunehmen und einen möglichst hohen Verkaufspreis zu erzielen.

Ein weiterer Unterschied ist, das beim Trading häufiger Gebühren anfallen als beim Investieren. Dies ist zurückzuführen auf die Anzahl der Trades im Vergleich zu den einmaligen Kosten bei Investoren. Zudem schwanken diese je nach Broker sehr stark, sodass dieser gut ausgewählt sein muss. Während Investoren gegenüber Tradern nur einmalig Gebühren abzuwickeln haben, fallen für letztere diese bei jedem Trade an.

Doch was spricht für das Trading, was ist der massivste und verlockendste Vorteil des Tradings? Die hohen Gewinnchancen! Sie sind häufiger als bei Investments, allerdings steigt auch das Risiko auf Verluste. Denn hohes Gewinnpotenzial steht immer in Relation zum Risiko, weshalb ein strukturiertes und klares Risikomanagement für Trader unausweichlich ist, doch dazu später mehr. Das Trading ist kurzfristig und bringt hohe Risiken mit sich, allerdings auch hohe Gewinnchancen. Zusätzlich ist es beim Trading möglich, auch auf sinkende Kurse zu setzen. Das heißt, dass Sie nicht nur vom Erfolg eines Unternehmens profitieren können, sondern auch von den Kursverlusten und aus Abwärtsbewegungen Gewinne einfahren können.

Abschließend bleibt festzuhalten, nur Sie selbst müssen entscheiden, welches Risiko Sie bereit sind zu gehen. Treffen Sie diese Entscheidung vor Beginn ihrer Anlagekarriere und seien Sie sich über deren Folge im Klaren. Doch nur mit einer festgelegten Anlagestrategie ist der Weg zum langfristigen Vermögensaufbau möglich.

TRADING-PSYCHOLOGIE

Was versteht man unter dem Begriff der Trading-Psychologie eigentlich? Zwar wird dieser Wissenschaft eine immer größere Gewichtung zugesprochen, allerdings wissen die Wenigsten, was darunter zu verstehen ist. Besonders die erfahrenen Anleger sind sich im Klaren über die Bedeutung, allerdings nur die wenigsten Neulinge an der Börse und daran scheitert die Vielzahl. Die menschliche Psyche ist ein, wenn nicht sogar der mit Abstand größte und bedeutsamste Einflussfaktor, welcher für Erfolg oder Misserfolg an der Börse verantwortlich ist.

So verlockend der Weg zum schnellen Geld auch sein mag, ist es Börsen-Profis klar, dass dieser Weg nur langfristig erreicht werden kann. Oftmals scheitern Neueinsteiger an eigenen Emotionen und kurzfristig entschiedenen Handlungen. Trading funktioniert nur mit klarem Kopf und System, das Ziel muss es sein, die eigene Trading-Psychologie zu verstehen und mit ihr sinnvoll umzugehen, denn sie lässt sich nicht einfach ausschalten.

Doch was ist Trading-Psychologie? Und noch viel wichtiger: Wie bekomme ich diese unter Kontrolle, um langfristig ein Vermögen aufbauen zu können und dieses zu vermehren? Hilfreich ist es hierbei, dass man Trading nicht als ein Pferderennen versteht, bei welchem es darum geht, möglichst schnell ans Ziel zu kommen. Denn an diesem Gedanken scheitern einige der Neueinsteiger und nur diejenigen, welche langfristig denken, bleiben letztendlich langfristige und erfolgreiche Anleger und schaffen ihren persönlichen Weg zum eigenen Vermögen.

Die Trading-Psychologie ist ein junges und daher noch recht unerforschtes, wissenschaftliches

Teilgebiet in der Psychologie. Sie beschäftigt sich mit der Wahrnehmung und Verarbeitung von Informationen, welche in Verbindung mit Finanzprodukten stehen.

Die Entstehung dieses Forschungsbereiches führt in die Achtzigerjahre der USA zurück, aus der Verbindung traditioneller wirtschaftswissenschaftlicher Untersuchungsmethoden mit dem Fachwissen der Psychologie können Anleger lernen, ihre Beweggründe für Anlageentscheidungen am Kapitalmarkt zu verstehen und die eigenen Denkmuster zu hinterfragen, um möglichst subjektiv am spekulativen Kapitalmarkt agieren zu können.

Die Behavioral Finance besagt, dass Anleger überwiegend aus unbewussten Verhaltensweisen reagieren, nur wer sich seinem eigenen irrationalem Verhalten bewusst ist, hat eine Chance am Aktienmarkt. Wichtige Erkenntnisse in der Verhaltensökonomie lieferte unter anderem Richard Tahler mit seinem Bestseller „Misbehaving", auch ihm war in seiner Forschung frühzeitig aufgefallen, dass Trader die sich von ihren Emotionen leiten lassen, langfristig aufgrund von Angst, Gier oder Wut zu Fehlentscheidungen in ihrer Anlagestrategie kommen.

Sie müssen sich darüber bewusst sein, dass sich die Trading-Psychologie mit Ihrem Verhalten am Markt in Bezug auf Ihre wirtschaftlichen Entscheidungen bei Risikogeschäften nicht ausschalten lässt. Sie ist immer vorhanden und beeinflusst Ihre Trades zu jedem Zeitpunkt, deshalb benötigt man klare Strukturen und Regeln, die einem helfen, sein eigenes Verhalten in wirtschaftlichen Situationen zu kontrollieren.

VERÄNDERUNG DES TRADINGS

Wie Sie bereits erfahren haben, ist das klassische Traden in den Achtzigern in der USA entstanden. Allerdings gibt es besonders in den letzten Jahren einen klaren Wandel im Trading. Es wird immer akzeptierter in der Gesellschaft und ist längst nicht mehr so abschreckend für eine Vielzahl der Menschen. Doch warum ist das so? Warum verändert sich das negative Bild der Börse und deren Aktionären aktuell?

Börsianer sind rücksichtslos, haben nur den eigenen Profit im Blick und würden beinahe alles für ihren persönlichen Erfolg tun. Dieses Menschenbild wird uns durch Medien, wie im Film „Wolf of Wall

Street", vermittelt. Allerdings haben oftmals auch die älteren Generationen ein negatives Bild vom Börsenmarkt.

Woher kommt dieses Bild? Ist es begründet? Welche Schlüsse können wir daraus ziehen?

Die Generationen des frühen 20. Jahrhunderts sind aufgewachsen mit Kriegen, Krisen und hatten mit großer Sicherheit wohl kaum die Anhäufung ihres Kapitals bzw. Vermögens im Blick.

Sie mussten sich mit anderen Problemen auseinandersetzen. Bei der Nachkriegsgeneration in den frühen 1950er-Jahren wird es jedoch interessant. Sie sind die Generation, in welcher die ersten aktiven Kapitalmärkte, welche staatlich kontrolliert wurden, entstanden.

Die Menschen setzten sich damit auseinander, wie sie ihr eigenes Vermögen vermehren könnten. Doch wie sollte man dies damals angehen, in einer solch unsicheren Zeit? Die Unsicherheit in der Gesellschaft und eine grundsätzliche negative Haltung gegenüber Banken war ein fester Bestandteil im Glauben der breiten Masse.

Exkurs: Interessanterweise entstand die erste Börse bereits 1612, die „Amsterdam Stock Exchange", dort war es das erste Mal möglich, dauerhaft mit Aktien zu handeln, also mit Anleihen an Unternehmen bzw. der Beteiligung an diesen. Allerdings war dies nicht nur unsicher, sondern vor allem nur etwas für diejenigen, die es sich sowieso schon leisten konnten.

Als dann Mitte der Achtziger der Aktienmarkt seine wirkliche Entstehung fortsetzte, war der Handel mit Wertpapieren nur vor Ort an den Börsen möglich. Es gab nur eine begrenzte Anzahl an Plätzen an den Märkten, weshalb sich ein großer Konkurrenzgedanke entwickelte. „Survival of the fittest": Die, die den größten Erfolg an der Börse hatten, wurden gefeiert wie Superstars. Diejenigen, die weniger Erfolg hatten, verloren ihren Börsenplatz und hatten somit keine Möglichkeit mehr, ihr Geld anzulegen und sich Unternehmensbeteiligungen zu erwerben. Doch Sie verloren nicht nur das, weitaus bedeutender für Anleger ist der Verlust ihres Eigentums und Vermögens.

Um erfolgreicher als Mitstreiter zu sein, waren

vertrauliche Informationen, ein gutes Netzwerk und die möglichst stetige Anwesenheit am Markt Voraussetzung. Wer das nicht zur Verfügung hatte, hatte weniger Informationen als andere – ein perfektes Fressen für Konkurrenz. Daraus entwickelte sich das Menschenbild über Aktionäre, keiner gönnt dem anderen etwas, jeder hat nur sich und seinen eigenen Profit im Kopf.

DIE BÖRSE IM WANDEL

Bereits seit mehreren Jahren gibt es bedeutsame Veränderungen am Aktienmarkt. Weg von begrenzten Börsenplätzen und hin zur Verfügbarkeit für die breite Masse. Der Zugriff auf den freien Markt ist so einfach wie nie zuvor. Diese Entwicklung lässt sich vor allem auf die Digitalisierung des frühen 21. Jahrhunderts zurückführen. Seine Finanzen im Internet abzuwickeln, ist in der Gesellschaft sehr breit akzeptiert, mit steigender Tendenz. Es ist einfach, bequem und mittlerweile sicher.

Doch woher kommt diese Entwicklung?
Diese Entwicklung lässt sich – simpel ausgedrückt – dadurch erklären, dass durch die Zugänglichkeit des

Internets, ortsunabhängig, der Handel an der Börse ermöglicht wird. Online-Broker sind Plattformen bei welchen Privatanleger ihr Geld am Markt investieren können. Dies wurde über die letzten fünf Jahre massiv gefördert und findet immer mehr Akzeptanz in der Gesellschaft. Die breite Masse kann nun Handeln, die Börse ist nicht mehr nur für absolute Experten und Börsianer zugänglich, sondern für jedermann.

Der Online-Handel ist im absoluten Boom, gemäß dem deutschen Aktieninstitut haben in Deutschland seit 2019 nun mehr als 10 Millionen Menschen Geld in Fonds, Aktien oder Wertpapiere angelegt. Dies steigt exponentiell nach oben seit der Corona-Krise im Jahr 2020. Besonders auffällig ist es, dass eine Vielzahl an jungen Menschen in der Bevölkerung ihr Geld anlegt und sich langfristig ein Vermögen aufbauen will.

Online-Broker gibt es mittlerweile wie Sand am Meer und diese stehen im Wettbewerb zueinander. Dies hat für die Anleger einen positiven Effekt: Immer ist der Handel möglich, Gebühren sinken aufgrund des Zwanges, stets der günstigste Broker sein zu wollen, und für die Eröffnung eines Depots fallen keine Kosten mehr an, im Gegenteil: Oftmals wird als zusätzlicher Anreiz eine Eröffnungsprämie ausgezahlt.

Auch der Konkurrenzkampf an der Börse hat nachgelassen, erfahren Aktionäre und Experten teilen ihr Wissen in Blogs, Interviews und auf eigenen Social-Media-Kanälen. Sie machen ihre Expertise für die breite Masse verfügbar und das oftmals kostenlos.

Woher kommt es, dass besonders junge Anleger in den Markt einsteigen?

Der erste Faktor ist die Digitalisierung. Es ist problemlos und mit wenig Aufwand möglich, sein Geld in Online-Depots anzulegen. Hierbei spielt die Affinität der jüngeren Generationen zu den Medien und der sichere Umgang mit dem Internet eine bedeutende Rolle. Die Angst, dass das Internet immer noch äußerst unsicher ist, haben diese nicht mehr.

Sie kennen den Umgang und durch die klaren strukturellen Absicherungen, wie z. B. 14 Tage lang Zahlungen zurückfordern zu können, bei beispielsweise Unternehmen wie PayPal, Amazon etc. verringert sich die Barriere, sich Online mit eigenen Finanzen auseinanderzusetzen. Durch die leichte

Zugänglichkeit, den zur Verfügung stehenden Expertisen und den langfristigen Vermögenshorizont kommen viele junge Anleger an den Markt.

Zudem wollen einige ihre Altersvorsorge selbst aufbauen, denn die Aussichten auf eine ausreichende Rentenzahlung vom Staat werden jährlich geringer und unsicherer. Ein weiterer wichtiger Grund für junge Anleger ist, dass es möglich ist, seine Geldanlage mit seinem Menschenbild und eigenen Werten zu verknüpfen. Ist man an der Unterstützung des Klimaschutzes interessiert, so eignen sich Anlagen in Unternehmen, welche auf nachhaltige Energien setzen. Hat man selbst kaum Fachwissen über Trading oder Investments, so setzt man einfach auf Klimaschutz orientierte ETFs.

Kurz gesagt: Junge Anleger können sich in ihren Anlagen und Trades selbst widerspiegeln. Zudem überwiegen die Chancen des Kapitalmarktes gegenüber den Risiken.

Woher kommt das negative Bild vom Anlegen und den Börsen? Und warum befindet sich der Online-Handel des Kapitalmarktes im Wandel und wird immer zugänglicher für junge Menschen?

Viele Menschen dieser Generationen sind

Nachkriegskinder bzw. die Kinder der Nachkriegs-kinder. Sie waren und sind geprägt von ihren Eltern und Großeltern, also denjenigen, die den Krieg durchgestanden haben. In der damaligen Zeit gab es keine Sicherheit, auch nicht nach dem Krieg. Die Menschen hatten nichts zu essen, Geld hatte keinen Wert. Reich waren diejenigen, die Tiere, Land und sonstige Möglichkeiten zur Nahrungsherstellung hatten. Niemand hat in Richtung des langfristigen Vermögensaufbaus gedacht. Die Menschen hatten hierzu auch keine Chance, es ging allein darum, zu überleben und das Beste aus dem Hier und Jetzt zu machen.

Wirft man einen Blick auf die Kinder der 60er- und 70er-Jahre wird eines klar: Der Großteil der Menschen genießt neue Freiheiten, ein Leben ohne Ängste, Kriege und deren Folgen. Zwar gibt es die ersten Börsen, an denen der spekulative Kapital-markt ins Rollen kommt, jedoch ist dies weit von der breiten Gesellschaft entfernt. In den 80er- und 90er-Jahren ist das Anlegen an der Börse direkt vor Ort zwar möglich, allerdings entwickelt sich hier ein kla-res Menschenbild gegenüber den vereinzelten Akti-onären. Banken und Aktionäre werden deklariert als gierig und vom Kapitalismus getrieben. Sie haben stets den eigenen Erfolg im Blick und geben für diesen alles.

Zusätzlich war es bis in die Anfangszeit des 21. Jahrhunderts so, dass die Banken auf einfache Sparbücher und Tagesgeldkonten rentable Renditen zahlten. Gab man damals das Geld der Bank, welche damit nichts anderes als das Geldvermehren durch Anlage im Sinn hatte, so bekam man sehr gute Zinsen darauf. So waren mindestens fünf Prozent Zinsen auf Sparbücher völlig normal, also warum gegen ein hohes Risiko am Kapitalmarkt anlegen. Auf der Bank ist das Geld sicher und es gibt Zinsen.

Zudem mussten die Menschen des frühen 21. Jahrhunderts sich keinesfalls Sorgen um die Altersvorsorge machen, denn diese war damals so sicher wie das Amen in der Kirche.

Dann kam 2008 die große Finanzkrise. Dies war bis heute der Anstoß für einen Wandel in der Finanzbranche. Die Banken verloren ihr Vertrauen, Privatpersonen wurden aufmerksamer und offener für den freien Handel an der Börse.

Mit aufkommender Mediensicherheit und der allgemeinen Digitalisierung sowie dem immer sichereren Online-Handel öffnen sich neue Möglichkeiten.

Die heutigen Generationen sind häufig bedacht auf schnellen Reichtum und die eigene Vorsorge fürs Alter. Der Aktienmarkt öffnet sich und es wird möglich, bequem vom Sofa am Kapitalmarkt zu investieren. Zunächst mit begrenzten Möglichkeiten und einer gewissen Unsicherheit. Heutzutage ist es zur Normalität geworden, im Internet die Finanzen zu klären. Experten geben ihre Expertise in den Sozialen Medien kostenlos preis und so werden einige Anreize geschaffen, sich als Privatperson im Internet ein Depot für die Altersvorsorge anzulegen.

Doch dies ist nur der Anfang: Immer mehr Menschen entdecken das Trading. Das ist aus psychologischer Sicht einfach erklärt: die Menschen streben nach Reichtum. Es wird sich aus dem Trading der Weg zum schnellen Geld leicht zurechtgerückt.

Der Zugang ist leicht, das Expertenwissen steht zur Verfügung und das reizt viele Menschen, besonders junge.

Das Menschenbild gegenüber Banken und Aktionären verändert sich. Denkt man in die Zukunft, wird sich dies weiter öffnen und das Trading wird zugänglich für alle. Die eigenen Finanzen selbst zu verwalten und nicht mehr passiv auf Sparbüchern liegen zu lassen, wird beliebter. Der Wandel hin zum aktiven Anlegen durch Trading wird zunehmen.

Das Anlegen ist transparent, sicher und so einfach zugänglich wie nie zuvor. Auch den Banken und Online-Brokern ist das große Interesse der breiten Masse der Gesellschaft, insbesondere der jungen Anleger aufgefallen. Abschließend ist festzuhalten:

• Online-Trading ist bequem. Man kann es vom Sofa aus einrichten und steuern, völlig unabhängig vom Ort.

• Zusätzlich werden Fachexpertisen in den Sozialen Medien zugänglich für alle, meistens kostenlos. Experten geben ihre Meinung in Interviews, Videos und Blogs preis, für jedermann zugreifbar und zu jeder Zeit verfügbar, eben bequem.

• Besonders für junge Anleger besteht die Möglichkeit, eigenes Geld langfristig zu investieren. Dieser Anlagehorizont bietet große Chancen, denn statistisch gesehen sinkt das Verlustrisiko mit jedem

Anlagejahr.

Kurz gesagt, die Chancen sind für viele Anleger größer als die Risiken. Wer einen langen Atem mitbringt, wird belohnt. Man kann mit vermeintlich geringem Risiko die Altersvorsorge am Aktienmarkt aufbauen. Zu Beginn ihrer persönlichen Reise zum Vermögensaufbau sollten sie sich klare Ziele in den Kopf setzen und an diesen festhalten, nach ihnen streben. Deswegen werden Sie auch in diesem Ratgeber zu Beginn aufgefordert, zu entscheiden, ob Sie ein Trader oder Investor sind.

In den Medien wird für das Trading überall geworben. Ständig wird man mit dubiosen Werbungen von Menschen, welche mit ihrem Reichtum nur um sich werfen, konfrontiert. Sie geben Versprechungen, dass Sie nur in irgendwelche Gruppen dazu kommen sollen und schon geht es los und Sie verdienen unfassbar viel Geld mit deren Methoden.

Besonders junge Menschen sind anfällig für genau diese Form der Propaganda, denn die Gier nach dem schnellen Geld ist tief verankert in uns. Ein Gefühl der Sicherheit, sich alles leisten können – wer möchte das nicht?

Leider muss ich Sie enttäuschen, diese Werbungen sind nicht das, was sie zu sein scheinen. Mit gemieteten Häusern, teuren Autos und Uhren werden falsche Bilder der Realität vermittelt. Wenn der Weg zum beinahe unendlichen Reichtum so einfach wäre, dann wären viel mehr Menschen wirklich reich durch Trading, also lassen Sie sich nicht blenden von falschen Versprechungen und dem schnell erreichbaren Reichtum.

Woraus entstehen häufig Schwierigkeiten?

Im Folgenden werden die fünf typischen Denk- und Verhaltensmuster der Verhaltens-Finanz-forschung aufgeklärt. Das Bewusstsein über die Auswirkungen der eigenen Denk- und Verhaltens-muster, welche im Zusammenhang mit dem Trading stehen, sind von großer Bedeutung für den finanzi-ellen Erfolg.

Deshalb werden Sie im Folgenden über die

auswirkungsreichsten informiert werden.

KOGNITIVE DISSONANZEN

Kognitive Dissonanzen sind gemäß dem amerikanischen Sozialpsychologen Leon Festinger ein aus Widersprüchen entstandener, innerer Konflikt. Er resultiert aus den Dissonanzen zwischen Wahrnehmungen und Gedanken.

Dies kann beispielsweise bei einem Trader auftreten, wenn er sich für den Kauf einer Aktie eines bestimmten Sektors entschieden hat. Wenn sich nun im Anschluss an seine Recherche der Kurs dieser Aktie zum Negativen verändert, deutlich an Wert verliert und gleichzeitig andere Aktien des gleichen Sektors Kursgewinne erzielen, dann entsteht beim Trader oft eine innere Wut bzw. Enttäuschung. Diese kognitive Dissonanz führt häufig zu irrationalen, kurzfristigen und nicht durchdachten Entscheidungen.

Der Anleger sucht nun nach positiven Gründen für sein Investment, obwohl dieses klar von anderen des gleichen Sektors abfällt. Er nimmt neue Informationen nicht auf, welche gegen seine Entscheidung sprechen. Ein innerlicher Druck baut sich beim

Trader auf, er möchte sich nicht eingestehen, dass seine Anlage negativ war und möchte nicht mit Verlusten seine Position verlassen. Dies setzt sich so weit fort, bis die Spannung, aufgrund weiterer Wertverluste weiter steigt, sodass er die Aktie viel zu lange hält. Erfahrene Trader sind sich über kognitive Dissonanzen und deren Auswirkungen auf ihre rationale Entscheidungsfähigkeit bewusst. Sie trennen sich von unprofitablen Anlagen rechtzeitig und halten nicht an Ihnen fest, nur um sich selbst und anderen später beweisen zu können, dass Sie doch im Recht waren.

Ein Profitipp aus dem Buch „Trading-Psychologie: so denken und handeln die Profis" ist es, das Risiko überschaubar zu halten und pro Trade maximal 2 Prozent des verfügbaren Kapitals zu verwenden.

Ein fester, strukturierter und vergebener Handelsplan kann ebenfalls das Risiko bzw. die Auswirkungen kognitiver Dissonanzen verringern. Auch bei kleineren Anlagebeträgen ist dies zu beachten, denn nur langfristig kommen Sie ans Ziel. Es wird Ihnen nichts bringen, hohes Risiko in einzelnen Trades einzugehen, denn einmal ein hoher prozentualer Verlust ist besonders schwierig mit danach geringerem Anlagekapital wieder in Gewinn umzuwandeln. Hier eine zur Verdeutlichung beitragende Beispielrechnung:

Wenn Sie 20 % von ihrem Anlagekapital von z. B. 100 € verlieren, haben Sie im Anschluss 80 € zur Verfügung. Wenn Sie nun wiederum auf die 80 € einen Profit von 20 % machen, haben Sie danach 96 €. Was lernen Sie hieraus: Verluste wiedergutzumachen, ist äußerst schwierig, ohne das Kapital extern wieder aufzustocken!

HEURISTIKEN DES MENSCHLICHEN GEHIRNS

Beginnen wir zunächst mit einem Exkurs in die wissenschaftlichen Ergebnisse des US-amerikanischen Psychologen Daniel Kahnemanns. Dieser fand heraus, dass sich das menschliche Denken in zwei Arten unterscheidet: das schnelle, instinktive und emotionale System und das langsamere, Dinge durchdenkende und logischere System.

Ersteres ist empfindlich für kognitive Verzerrungen, für systematische, fehlerhafte Neigungen beim Wahrnehmen, Erinnern, Denken und Urteilen. Diese Verzerrungen bleiben oftmals unbewusst und basieren auf kognitiven Heuristiken.

Was sind Heuristiken?

Die Heuristik meint nach Kahnemann allgemeine Begriffe und Methoden, die unsere Erkenntnis erweitern, aber selbst noch keine Beweise oder Lösungen geben, zum Beispiel bei einer psychologischen Interpretation oder einer anderen Problemlösung.

Es sind Annahmen, Arbeitshypothesen, vermutete Zusammenhänge oder Modelle, die einen heuristischen Wert als Entwürfe oder Finderegeln haben. Die Nachteile einer solchen Vereinfachung bestehen darin, dass eine Heuristik zwar schnell ist, aber nicht mit Sicherheit zur korrekten Lösung führt.

Bezieht man Heuristiken auf die Finanzwissenschaften, so ist hier gemeint, dass das menschliche Gehirn nur wenige Informationen gleichzeitig verarbeiten kann und deshalb bei der Entscheidungsfindung zu Vereinfachungen neigt. Diese mentalen Abkürzungen helfen uns Menschen, schnelle Entscheidungen zu treffen, jedoch verursachen sie Irrationalitäten. Aus diesen resultieren oft Fehler beim

Trading, weshalb sich der Trader über die eigene Heuristik in Bezug auf seine finanziellen Entscheidungen im Klaren sein sollte.

SUNK-COST-EFFEKT

Unter dem „Sunk-cost"-, dem „Versunkene-Kosten"-Effekt sind bereits in der Vergangenheit entstandene Kosten zu verstehen, welche bei der aktuellen Bewertung keine Rolle mehr spielen.

Häufig machen Anleger den Fehler und hoffen bei Wertverlust einer Aktie, dass Sie durch das Halten den alten, höheren Preis wieder erreichen. Dadurch kommt es oft vor, dass an erfolglosen und im Wert weiter sinkenden Aktien bzw. Trades festgehalten wird und der Wert immer weiter sinkt.

Erfahrene Aktionäre setzen deshalb sogenannte „Stopps" und halten sich konsequent an diese. Der gesetzte Stopp verkauft die Aktie bei Erreichen eines zuvor festgelegten Verlustlimits, um den vollständigen Verlust von Investments zu verhindern. Langfristige Anleger nehmen sich deshalb den folgenden Begriff zu Herzen:

Akzeptiere Verluste und reinvestiere nicht in Verlustpositionen!

In Positionen, die im Gewinnfall stehen, können Sie reinvestieren, solange sich an ihrer Grundüberzeugung vom Investment nichts geändert hat.

DISPOSITIONSEFFEKT

Der Dispositionseffekt tritt häufig bei Neulingen an der Börse auf. Denn die unerfahrenen Anleger neigen häufig dazu, zu kleine Gewinnen zu realisieren und somit langfristig Verluste zu vergrößern. Der Trading-Psychologe Norman Welz begründet dies in seinem Buch „Trading-Psychologie – einfach besser handeln" mit einer inneren Blockade der Vielzahl der Menschen. Diese handeln stets nach dem Prinzip „die Hoffnung stirbt zuletzt".

Geben Sie Verlustpositionen auf und halten Sie nicht unnötig lange an ihnen fest. Jedoch kann und wird dies ihre Trading-Laufbahn schneller beenden, als Ihnen lieb ist. Deshalb versuchen Sie, das Risiko zu minimieren, um nicht nach einem schiefgelaufenen Trade kein Kapital mehr zur Verfügung zu haben.

Denn, wer alles auf eine Karte setzen möchte, der sollte lieber ins Casino gehen. Wer am Aktienmarkt langfristigen Erfolg anstrebt, der sollte nicht

nur auf die eine Option hoffen, welcher er nicht einmal selbst kontrollieren kann.

EMOTIONEN

Das wahrscheinlich schwerwiegendste Problem
beim Trading sind die Emotionen des Menschen. Im
Dorsch-Lexikon der Psychologie wird definiert, dass
sich Emotionen als ein hypothetisches Konstrukt definieren lassen. Sie werden als ein komplexes Phäno-
men verstanden, welche mit einer Veränderung ver-
schiedener Komponenten einhergehen. Sie können
physiologischen Reaktionen, wie bzw. den Anstieg
der Herzfrequenz oder Verengung von Blutgefäßen
auslösen. Diese sind gut von außen beobachtbar
bzw. bei Ihnen ist es möglich, sie zu operationalisie-
ren, sie zu messen. Weitere Veränderungen sind jedoch auch im Verhalten bemerkbar, beispielsweise
durch die Veränderung von Mimik und Gestik bis hin
zur Stimmlage. Zudem lösen Emotionen Gefühle bei
Menschen aus. Diese Erlebniskomponenten sind nur
schwierig zu messen, was zur Dissonanz zwischen
den gezeigten und den erlebten Emotionen führen
kann.

Dieses Problem bietet allerdings die wohl

größte Chance für Trader – die Emotionsregulation. Hier unterscheiden sich erfolglose Anfänger von erfolgreichen Experten. Zusätzlich können aus Emotionen bedeutende Motivationsprozesse folgen, z. B. wenn Ihnen eine Person aus Ihrem Umfeld, welche Ihnen wichtig ist, sagt, dass Sie niemals an der Börse erfolgreich sein werden, kann ein intrinsischer Motivationsprozess angeregt werden. Nach dem Motto: „Dem werde ich es zeigen, ich habe das Zeug dazu!". Wichtig ist es, sich über diese Veränderungen auf den verschiedenen Ebenen bewusst zu sein. Denn wenn Sie es dieser Person wirklich beweisen wollen, dann müssen Sie Ihre Emotionen regulieren können. Sie dürfen sich nicht aus der Ruhe bringen lassen, nicht kurzfristig handeln und Entscheidungen treffen.

Machen Sie sich Ihr Unterbewusstsein, welches für eine Vielzahl ihrer Emotionen verantwortlich ist, zunutze und lernen Sie einen sinnvollen Umgang. Besonders das Trading ist für genau diesen psychologischen Bereich unfassbar anfällig. Kurzfristige Einkaufssignale beispielsweise können zu Gier führen, Sie denken: „Jetzt oder nie!", und verlassen Ihre zuvor festgelegten Vorgehensweisen.

Möglicherweise funktioniert dies sogar beim ersten oder auch beim zweiten Mal, allerdings werden Sie so keinen langfristigen Erfolg an der Börse haben. Irgendwann passiert es und wie Sie bereits zuvor gelernt haben – Verluste wiedergutzumachen, ist schwierig, ohne das Kapital extern wieder aufzustocken.

Wahre Börsianer bleiben ruhig, halten sich an ihre Regeln und behalten einen klaren Kopf. Handeln auch Sie basierend auf Ihren Kenntnissen, Ihren Erfahrungen und Ihren Fähigkeiten, nicht aufgrund Ihrer Emotionen. Des Weiteren ist es von großer Bedeutung, sich nicht blenden zu lassen von all den Versprechungen von schnellem Reichtum durch das Internet. Entwickeln Sie hierbei ein Verlangen, genau das anzustreben, was die Menschen in Werbungen vorgeben zu besitzen, dann sollten Sie die Finger vom Trading lassen. Denn Trading bringt zwar viele Chancen und Gewinnpotenzial mit sich, allerdings auch mindestens ein so hohes Risiko, weshalb die Vielzahl scheitert.

Trading und Stress

Trader sind ständigem Stress ausgesetzt. Mit der Abgabe eines Trades muss der Trader stets auf dem neuesten Stand seines Investments sein. Frühzeitig muss er Veränderungen wahrnehmen und gegebenenfalls handeln. Hierbei spielt die Uhrzeit keine Rolle, sie nimmt keine Rücksicht auf das private Leben des Traders. Das heißt, viel Risiko, aber auch viele Chancen, sein Geld zu vermehren und das in kurzer Zeit. Dass es hierbei zur Stressentwicklung kommen kann, liegt auf der Hand. Doch welche Symptome kann Stress mit sich bringen?

Dies kann man nicht so einfach pauschalisieren, denn jeder Mensch ist anders. Manche haben eine eher große Resilienz gegenüber Stress, sind also widerstandsfähiger als andere. Der eine bekommt aufgrund einer vermeidlichen Kleinigkeit Herzkreislaufprobleme, ein anderer einen flauen Magen, wir sind unterschiedlich und dessen müssen wir uns bewusst sein. Ein Trader muss abwägen, wie viel Risiko er auch mit seiner Gesundheit eingehen möchte und vor allem kann. Stress kann sich unterschiedlich äußern:

- Körperliche Symptome von Stress:
  - Libidoverlust
  - Schwitzen, feuchte Hände

- Verdauungsprobleme

- Schlafstörungen

- Herzrasen, Veränderung der Atmung

- Müdigkeit

- Allgemeines Unwohlsein

- Zittern, Muskelverspannungen.

• Psychische Symptome von Stress:

- Angstattacken, Panik

- Nervosität

- Grübelei

- Stimmungsschwankungen

- Einschränkung der Konzentrationsfähigkeit.

Es kann sich völlig unterschiedlich äußern und das ist das Gefährliche. Man kann nicht einfach nach Regeln gehen, an denen man erkennt, „so, jetzt bin ich gestresst". Man muss sich, seinen Körper und seine Psyche verstehen lernen, Symptome wahrnehmen und frühzeitig behandeln. Denn auch falscher Ehrgeiz hat negative Folgen auf Ihr Verhalten und Ihre Aktivitäten am Kapitalmarkt. Ein gestresster Trader neigt eher zu falschen Entscheidungen als ein entspannter.

Ängste beim Trading

Die Angst vor Verlusten ist bei Tradern tief verankert, denn die Angst kann als die älteste Schutzfunk-
tion des Menschen angesehen werden. In bedrohli-
chen Momenten empfinden wird Angstgefühle und
dies ist mitverantwortlich für den „Erfolg" unserer
Evolution. Die Warnung vor Gefahr bzw. das Erkennen von Gefahr schützt uns, kommt uns beispielsweise ein Hund, welcher klaffend auf uns zukommt,
entgegen, so löst dies in uns einen körperlichen Re-
flex aus.

Allerdings ist das Angstempfinden sehr sensibel
und es kommt häufig zu falschen Einschätzungen
von Gefahrensituationen. Da die Ängste tief ver-
steckt bei den Menschen verankert sind, lassen sich
die wahren Gründe und Antworten für unser Dasein
nur schwierig feststellen, jedoch ist dies vonnöten,
um die Probleme, welche aus unserer Angst resultieren, nachhaltig lösen zu können. Häufig sind es über-
zogene Ängste, die den Trader begleiten. Der totale
Verlust seines Hab und Guts, doch diese Angst ist
meist überzogen und nicht an der Realität orientiert.

Norman Welz stellt in seinem Buch über Trading-Psychologie verschiedene Einstellungen und
Überlegungen bei der unter der Angst liegenden

Angst dar:

- Die Opferhaltung: „Andere sind schuld an meinem Leid!"

- Die Angst vor der eigenen Größe: „Ich darf kein Gewinner sein!"

- Die Angst vor Erfolg: „Bin ich dem überhaupt gewachsen?!"

- Die Angst vor Veränderung: „Dann ist nichts mehr wie vorher!"

- Die negative Einstellung gegenüber Geld: „Geld verdirbt den Charakter!"

- Den Erfolg als etwas Schlechtes anzusehen: »Die da oben!"

- Die fehlende Anpassungsbereitschaft: „Ich bin etwas Besonderes!"

- Der Glaube, ein Versager zu sein: „Ich habe nie Glück!«

- Die Ablehnung von Strukturen: „Ich bin flexibel und liebe das Chaos!"

- Die Ablehnung von Disziplin: „Disziplin ist spießig!«

- Die Angst, ein erfolgreicher Trader zu werden: „Das ist doch kein Beruf!"

- Die Angst, Verantwortung zu übernehmen: „Dann

bin ich ja in der Pflicht!"

- Die Angst, das Falsche zu tun: „Lieber keine Fehler machen!"
- Die Angst, geduldig zu sein: „Von nichts kommt nichts!"
- Die Angst, etwas zu verpassen: „Dabei sein ist alles!"
- Die Angst, dass Trading leicht verdientes Geld sei: „Für Geld muss man schwer arbeiten!"
- Sinnvolle Ängste beim Trading

Mit sinnvollen Ängsten sind diejenigen gemeint, welche uns vor Gefahr schützen. Stellen Sie sich vor, es herrscht ein großes Unwetter, weswegen Sie sich unter einen Baum stellen. Auf einmal kracht es und ein großer Ast kommt direkt auf Sie zugeflogen. Sie weichen aus, um nicht erschlagen zu werden.

Ihr Angstsystem hat sich bei Ihnen gemeldet und signalisiert – Achtung Gefahr. Dann war die Angst als absolut sinnvoll und überlebenswichtig einzustufen. Dies ist in unserem Gehirn fest verankert und existenziell zum Überleben. Angst löst Reflexe aus und dient dem Erhalt unserer Gesundheit.

Für eine erfolgreiche Trading-Laufbahn sollen

Sie keinesfalls Ihre Ängste ausblenden. Sie sollen lernen, mit diesen umzugehen und einen positiven Weg gemeinsam mit ihnen zu finden. Für Ihren Erfolg wird es wichtig sein, dass Sie Ihre Ängste kontrollieren können und möglicherweise sogar als Stärke betrachten. Denn Ihre Angst kann Sie warnen, wenn Sie zum Beispiel auf dem Weg sind, eine falsche Entscheidung am Aktienmarkt zu treffen. Arbeiten Sie an sich und dem Umgang mit ihnen und so werden Sie in Zukunft positive Ergebnisse verbuchen können.

• Sinnlose Ängste beim Trading:

Eine sinnlose Angst wäre es beispielsweise, unter einem Baum bei bestem Wetter zu stehen und panische Angst zu haben, dass jede Sekunde ein Ast herunterfallen könnte, obwohl keine Gefahr droht. Diese Ängste resultieren häufig aus eigenen Erfahrungen oder Prägungen in der Kindheit, sind jedoch unbegründet und letztlich sinnlos. Auch beim Trading sind Ängste grundsätzlich sinnlos, denn die Teilnahme an der Börse und somit das Spekulieren, um sein Geld zu vermehren, sind freiwillig.

Niemand ist gezwungen, sich den emotionalen

Belastungen von Trading auszusetzen, warum steigt denn trotzdem die Begeisterung für das Trading? Die Antwort ist glasklar: Die Aussicht auf ein großes Vermögen und die finanzielle Freiheit ist kaum zu fassen. So rosig und motivierend diese Aussicht auch sein mag, sie schafft innerlichen Druck bei Tradern. Folgen nun die ersten Misserfolge, also Verluste, so ist das Gefühlschaos vorprogrammiert. Verzweiflung, Angst und Wut sind die ersten bemerkbaren emotionalen Veränderungen, die folgen.

Und jetzt kommt das große ABER, denn die Vielzahl der Trading-Psychologen bezeichnen eben genau diese Ängste als sinnlos und hindernd. Die Angst, sein gesamtes Vermögen zu verlieren, die Angst zu verzweifeln, die Angst, zu dumm für das Trading-Geschäft zu sein, die Angst von Tradern kann sich individuell und völlig unterschiedlich stark ausprägen.

Das Verlangen nach Sicherheit

Im Menschen verankert sind Bedürfnisse. Primäre Bedürfnisse wie Nahrungsaufnahme sind angeboren, sie werden nicht erlernt. Bezüglich der sekundären Bedürfnisse gibt es deshalb klare Unterschiede. Hierzu zählt beispielsweise die

Anerkennung seiner Umwelt. Der Mensch benötigt diese, um sein Selbstwertgefühl zu steigern, ein Sicherheitsgefühl resultiert und wir fühlen uns wohl.

Um dies von unseren Mitmenschen zu erhalten, gestalten wir unsere Umwelt aktiv mit und wollen etwas erreichen. Deshalb ist es uns auch wichtig, dass das funktioniert und wir nicht zum Beispiel unser Vermögen verlieren. Gleichzeitig wollen wir jedoch Erfolg, um unsere persönlichen Bedürfnisse zu stillen und die Anerkennung anderer zu erhalten.

Dieses Sicherheitsgefühl gibt es jedoch nicht an den Kapitalmärkten. Das einzig Sichere an der Börse ist, dass nichts sicher ist. Darüber sollten wir uns im Klaren sein und deshalb auch versuchen, so unbeeinflusst wie möglich an der Börse zu handeln und eigene Emotionen außer Acht lassen, das unterscheidet Profis von Anfängern.

Setzt man beispielsweise mit einem Trade auf einen Kursgewinn einer Unternehmensaktie aufgrund klarer Kaufsignalen und der Kurs sinkt, verlieren wir unsere selbst zugeschriebene Kontrolle. Ein starkes Unwohlgefühl resultiert. Was tun?

Sich immer wieder die klare Erkenntnis vor Augen legen: Beim Trading hat man nichts unter

Kontrolle, außer sich selbst.

Praxistipps für den Umgang mit der eigenen Finanzpolitik!

MIT DEM EIGENEN TRADING-MINDSET ZUM ERFOLG.

D as hört sich zunächst einfach an, allerdings wissen Sie, was das eigentlich bedeutet? Was ist ein Mindset? Unter einem Mindset lassen sich die eigenen etablierte Einstellungen, die eigene Art zu denken unter Einbezug der eignen Meinung verstehen.

Warum ist die eigene Denkweise so wichtig fürs Trading? Viele Einsteiger sind zu Beginn meist ausschließlich auf das schnelle Geld fixiert. Sie gehen davon aus, dass Sie mit einer hohen Risikobereit-schaft rasch ein großes Vermögen aufbauen können. Zudem sind Sie davon überzeugt, dass ihre Entschei-dungen schneller, schlauer und besser sind als die anderer und dass Sie den Markt voraussagen kön-nen. Dieses Mindset führt häufig zum Totalverlust. Haben Einsteiger an der Börse erstmal Verluste beim Trading gemacht, gilt es, diese Verluste schnellstmöglich wiedergutzumachen, hierfür wer-den zuvor gesetzte Risiko-Obergrenzen neu defi-niert bzw. nicht mehr beachtet, das Risiko steigt und steigt, bis es aufgrund des begrenzten eigenen Ge-samtkapitals nicht mehr weitergeht.

Deshalb bewahren Sie sich beim Trading immer die folgenden drei Grundregeln als absolute und un-umgängliche Vorgaben, um ihr eigenes stabiles Mindset auch in Krisenzeiten oder beim Einstrich von Verlusten zu bewahren und sagen Sie die Sätze laut zu sich selbst:

• Ich akzeptiere Verluste und erhöhe nicht mein ge-setztes Kapital.

• Ich bin weder schneller, schlauer noch besser als

der Markt und darüber bin ich mir bewusst!

• Ich halte mich an meine zuvor gesetzten Risiko-grenzbeträge!

Ein erfolgreicher Trader arbeitet sein Leben lang an seinem Mindset und bildet dieses stetig fort. Nur so kann er langfristig Erfolg haben. Einer der erfolg-reichsten Investoren der heutigen Zeit ist Napoleon Hill. Dieser handelte stets nach einer These: „Think and grow rich!". Das Entscheidende bleibt, dass Sie Ihr eigenes Mindset in Bezug auf ihre Trading-Akti-vitäten aufbauen müssen.

Dies geschieht nicht von dem einen auf den an-deren Tag. Das Gute ist, dass es das auch gar nicht muss, denn Sie streben langfristigen Erfolg an. Die-ser basiert nicht auf einem Zufallsgewinn wie im Lotto. Er wird geschehen, weil Sie Ihre Gedanken und Emotionen kontrollieren können. Wenn Sie nun bereit sind, diese stets zu überprüfen und zu reflek-tieren, dann haben Sie eine gute Basis, um Ihren Weg an der Börse beginnen zu können.

WIE KÖNNEN SIE IHR MINDSET ÄNDERN?

Wenn Sie sich diese Regeln vor jedem Beginn eines Trading-Tages selbst zusprechen, werden Sie diese verinnerlichen. Tun Sie das, akzeptieren Sie das Unausweichliche und behalten Sie immer im Kopf: Trading basiert rein auf Wahrscheinlichkeiten, eine einhundertprozentige Trefferquote wird es langfristig nicht geben.

Ein guter Trader ist ein guter Risikomanager, er ist sich darüber bewusst, dass der Markt starke Auswirkungen auf seine Psyche haben wird und seine Standfestigkeit immer wieder auf die Probe stellt. Die menschliche Psyche, eingeschlossen das eigene Mindset, ist beeinflussbar. Es ist von großer Bedeutung, eine intrinsische Motivation zu entwickeln. Stellen Sie sich die Frage: Warum will ich überhaupt in das Trading einsteigen? Und beantworten Sie diese, so ehrlich Sie können!

Wenn der Mensch sich aus tiefstem Herzen selbst eingesteht, aus welchem Grund er was tun möchte, dann wird sich eine Bereitschaft bilden, um das gesetzte Ziel zu erreichen. Man kann es schaffen, wenn man selbst gesetzt Regeln verinnerlicht, indem man diese zum Beispiel aufschreibt oder täglich mündlich wiederholt. Besonders hilfreich kann es auch sein, sich die eigens gesetzten Regeln mit der höchsten Priorität stets sichtbar zu machen, zum Beispiel, sich diese als Computerhintergrund einzustellen. Dies ist zwar optisch nur wenig ansprechend, allerdings gibt es mir jeden Tag eine unveränderbare Struktur vor, ist verinnerlicht und wirkt sich positiv auf mein Risikomanagement aus.

Zudem kann es für einige Trader hilfreich sein, engen Vertrauten den eigenen Transaktionsverlauf zu zeigen. Vergleichbar mit einer objektiven Kontrolle, welche Ihre Obergrenzen und Risikobereitschaft kennt und Sie gegebenenfalls zur Rede stellt, wenn Sie sich nicht an diese Regeln halten.

Ein weiterer wirkungsvoller Profitipp: Richten Sie sich einen Sparplan bzw. einen Dauerauftrag ein. Dieser überweist immer am selben Tag im Monat einen festgelegten Betrag auf Ihr Depot, heißt: Keine externe Verschiebung des festgelegten Kapitals, man vergisst es nicht und behält die Kontrolle über die eigene Risikobereitschaft. Zudem wird sich dauerhaft das gesamte Kapital Ihres Depots steigern, sodass Ihre Trades immer größere Gewichtung erhalten. Sie haben Zeit, mit kleineren Beträgen zu Beginn Ihre Erfahrungen zu sammeln: Wie fühlt es sich an, wenn ein Trade Gewinne oder Verluste einbringt, wie wirkt sich dies auf meine Psyche aus?

Das eigene Mindset klar beizubehalten, ist wohl das, woran die meisten Trader scheitern in ihrer Laufbahn. Sammeln Sie Erfahrung und gewinnen Sie dadurch an Sicherheit; es ist noch nie ein Meister vom Himmel gefallen und dies sollte Ihnen bewusst sein.

Schlauer, schneller und besser als der Markt zu sein, ist für niemanden langfristig möglich. Allerdings reicht es oftmals aus, mit dem Markt zu gehen, Gewinne einzufahren, Verluste zu akzeptieren und langfristig eine positive Anlagestrategie zum Vermögensaufbau zu machen. Denn gute Trades sind diejenigen, die Gewinne bringen.

DER UMGANG MIT ANGST & DEM EIGENEN SICHERHEITSGEFÜHL

Machen Sie sich Ihr missliches Verhalten klar, Sie müssen lernen, dies zu führen. Somit wird es Ihnen möglich sein, den Grund hinter der Angst zu erkennen. Schreiben Sie Ihre Ängste auf und vergleichen Sie Ihre Ergebnisse mit früheren Trades. Sie werden Ihre eigenen Reaktionsmuster auf Gewinne und Verluste erkennen und daraus Schlüsse ziehen können und wieder die Führung über Ihr Trading übernehmen können.

In der heutigen Zeit ist es Ihnen sehr einfach möglich, sich Meinungen von anderen einzuholen. Haben Experten oder nahe Verwandte eine unterschiedliche Ansicht zu Themen, so löst dies in Ihnen eine Angst aus, eine Emotion der Unsicherheit. Sie müssen hierfür lernen, einen Umgang zu finden – doch wie? Machen Sie sich bewusst, dass die Äußerungen anderer auch nur deren eigene Meinung widerspiegeln. Schreiben Sie sich die Meinungen anderer auf, vergleichen Sie diese mit der eigenen und ziehen Sie Schlüsse daraus. Wichtig ist, dass Sie Ihre eigene Wohlfühlgrenze für Ihr persönliches Verlustrisiko herausfinden. Tasten Sie sich kontinuierlich an Ihre Grenzen heran. Bilden sich Unsicherheiten und allgemein ein unwohles Gefühl, dann ist Ihr Anlagekapital zu hoch, es entstehen Angstgefühle und der Verlust der Sicherheit.

Wie bereits oben beschrieben, haben Sie an der Börse und beim Trading nichts unter Kontrolle – uns das ist entscheidend. Bei einem misslungenen Trade geraten viele Anleger in Unsicherheit, denn durch den Kontrollverlust entwickeln wir eine Art Panik. Anstatt mögliche Verluste hinzunehmen, versuchen wir alles, um Verluste wieder wettzumachen. Häufig kaufen Anleger mit größerem Risiko fallende Aktien nach. Sie traden aufgrund von kurzfristig getroffenen Entscheidungen, auf Basis ihrer Emotionen.

Um nicht in diese Falle hineinzutappen, machen sich Börsenprofis Stopp-Loss Grenzen.

Haben Sie einen Verlust bei einem Trade zu verbuchen, dann akzeptieren Sie diesen und bleiben bei Ihren zu Beginn festgelegten Regeln und Rahmenbedingungen. Sie lassen nicht Ihre Emotionen erneute Trades durchführen und haben diese unter Kontrolle.

STRESS ERKENNEN UND ÜBERWINDEN

Es gibt eine Vielzahl an Möglichkeiten, sein eigenes Stresslevel zu senken bzw. für einen Ausgleich zu sorgen, um diesen abzubauen. Die Wissenschaft der Psychologie fand heraus, dass, wenn ein gewisses Stresslevel erstmal erreicht wurde, es umso schwerer wird, dieses wieder zu senken. Deshalb arbeiten Profis aktiv und vor allem präventiv gegen ihren Stress. Für einen ist Meditation das Richtige, mal zur Ruhe finden. Währenddessen ist es für den anderen ausgleichend, sich eine Stunde am Boxsack auszupowern, die Grenzen sind offen. Probieren Sie unterschiedliche Methoden aus, finden Sie Ihren persönlichen Weg zur Ausgeglichenheit und stellen Sie sich selbst somit die Weichen, um ein erfolgreicher Trader zu werden, der sein Privatleben positiv gestalten kann.

Ein wirklicher Tipp von Profis ist das autogene Entspannungstraining des Psychiaters und Psychotherapeuten Professor Johannes Heinrich Schultz. Dieser hat ein didaktisch gegliedertes Verfahren zur „konzentrativen Selbstentspannung" entwickelt. Dieses ist in drei verschiedene Trainings- und

Übungskomplexe gegliedert.

• Sechs Unterstufen-Übungen, auch als psycho- bzw. physiologische Standardübungen bekannt.

• Oberstufen-Übungen: Diese werden als meditative Übungen verstanden.

• Spezielle Übungen.

Für Sie als Trader, welcher viel Zeit am Computer verbringen wird, eignet sich das autogene Training in der Droschkenkutscher-Haltung besonders gut. Denn es ist ohne jegliche externen Personen oder sonstige Hilfsmittel jederzeit und im Sitzen am Computer möglich, dies durchzuführen.

Schritt 1

Einstellung der Beine: Setzen Sie sich ganz normal auf Ihren Stuhl und stellen Sie die Beine etwa schulterbreit vor sich auseinander. Die Fußsohlen sollen flach auf den Boden gelegt werden und die Oberschenkel sollen sich im rechten Winkel befinden.

Schritt 2

Aufrichten und Arme hängen lassen: Nun richten Sie

den Rücken gerade und beugen Sie Ihren Oberkörper leicht nach vorn. Ihre Arme hängen entspannt und nun fangen Sie an, leicht nach vorn und hinten zu pendeln.

Schritt 3

Das Zusammensinken: Wenn Ihr Oberkörper ausgependelt hat, dann soll dieser leicht nach vorn gebückt einknicken und Sie schließen nun Ihre Augen.

Schritt 4

Pendeln des Oberkörpers und Ruhepunkt finden: Mit geschlossenen Augen und den Armen – jeweils neben dem Körper hängend – lassen Sie nun Ihren Oberkörper leicht nach vorn und hinten pendeln. Das Ziel ist es, dass Sie Ihren eigenen Ruhepunkt in Ihrer Körpermitte finden. In dieser Ruhepunkthaltung verharren Sie nun, solange Ihnen danach ist. Sie achten bei der gesamten Durchführung stets darauf, durch die Nase einzuatmen und durch den Mund auszuatmen.

Das autogene Training eignet sich hervorragend zur Aufrechterhaltung der Psychohygiene und deren Prophylaxe. Es geht darum, sich zu erholen, zu entspannen und die Konzentrationsfähigkeit zu erhöhen. Dies kann und wird Ihnen während eines Stress-reichen Trading-Tages helfen, sinnvolle Entscheidungen zu treffen und Ihr allgemeines Stresslevel zu reduzieren.

WERDEN SIE ZUM EXPERTEN

Um eine erfolgreiche Karriere im Bereich Trading hinlegen zu können, ist es eine Grundvoraussetzung, sich stets und immer auf den neuesten Stand zu bringen. Investieren Sie jedoch nicht nur in Anlagen, Aktien oder Wertpapiere, sondern investieren Sie in sich selbst! Doch wie? Nun ja, dies kann auf vielfältige Art und Weise passieren, lesen Sie Bücher, Blogs oder schauen Sie sich Interviews und Videos von und mit Experten an. Ein kurzer Blick in das eine oder andere Online-Forum und Sie werden auf Anhieb eine Vielzahl an wissenswerten Büchern finden, welche Ihnen bezüglich Ihrer Anlagestrategien von Nutzen sein werden.

Weitaus bedeutender ist es, eigene Erfahrungen zu machen, fangen Sie an, anzulegen, frühzeitig und am besten mit geringen Beträgen. Denn Sie müssen auch mit Verlusten zurechtkommen und dabei wäre es von Vorteil, wenn Sie dies nicht direkt mit Ihrer

Gesamtanlagesumme tun.

Hilfreich kann es auch sein, sich Tipps von erfahrenen Tradern abzuholen, hierfür eignen sich „Social-Media"-Kanäle von Experten als vielversprechendes und vor allem kostenloses Tool. Wenn es Ihnen darüber hinaus möglich sein sollte, dann knüpfen Sie Kontakte zu anderen Tradern, denn somit können Sie vom Austausch nur profitieren. Es geht nicht mehr zu wie früher an der Börse, nach dem Motto, „Survival of the fittest", denn vom Austausch von Informationen profitieren alle Beteiligten und das kann schon mal viel Arbeitszeit einsparen und die finanziellen Möglichkeiten langfristig erhöhen.

UMSETZUNGSMÖGLICHKEITEN VON PROFIS!

Der Mensch hat den Drang, durch Wissen die Geschehnisse kontrollieren zu können!

Aus diesem Drang heraus resultieren häufig Denk- und Verhaltensmuster, die das Verhalten am Finanzmarkt steuern. Daraus entstehen häufig Schwierigkeiten, denn der Kapitalmarkt ist selbst von den besten Experten und absoluten

Börsenprofis nie einhundertprozentig vorherzusagen. Diesen Drang nach Kontrolle möglichst bewusst zu steuern, ist die Grundvoraussetzung, um langfristig ein Vermögen aufzubauen. Denn wenn Börsenprofis eines wissen, ist es, dass sie den spekulativen Finanzmarkt niemals kontrollieren können, daher versuchen Sie dies auch gar nicht erst. Auch Sie als Neuling sollten daher keinesfalls in Versuchung geraten, zu glauben, dass Sie schneller, schlauer und besser als die Börse sind.

BEHALTEN SIE BEIM TRADING SINN UND VERSTAND

Tipp: Wenn Sie mit den Ergebnissen Ihres Tradings unzufrieden sind, dann haben Sie den Mut, dies zu überprüfen! Prüfen Sie, ob Ihre Gründe dafür in Ihren Gedankenmustern oder Überzeugungen zu finden sind. Notieren Sie Ihre Gedanken bei jedem Ihrer Trades. Denn je besser Sie Ihre Denkweisen kennen, desto gezielter können Sie an den Lösungen Ihrer Trading-Probleme arbeiten, um Ihren persönlichen Erfolg zu erarbeiten.

Zusätzlich sind besonders Neulinge an der Börse,

welche mit einem kleinen Kapital an der Börse handeln, sehr anfällig für verzerrte Wahrnehmungen. Denn unser Gehirn nimmt einen 50 € Gewinn bei einem 5.000 € schweren Konto stärker wahr als bei einem 50.000 € Konto. Sie neigen dazu, zu früh hohe Gewinne einfahren zu wollen. Daraus resultiert meist eine hohe Risikobereitschaft. So setzen Kleinanleger prozentual gesehen häufig zu viel, daher halten Sie sich an die folgende Faustregel:

Ein maximales Risiko von 1 bis 2 % ihres Gesamtkapitals pro Trade.

Dabei spielen Einstiegssignale keine Rolle, setzen Sie sich vor Beginn Ihrer Trading-Karriere klare prozentuale Risikogrenzen. Diese müssen Sie stets anpassen, denn steigt Ihr Gesamtkapital nach erfolgreichen Trades, dann steigt Ihre Einkaufssumme für Ihren nächsten Trade. Sinkt Ihr Anlagevermögen nach einem schiefgegangenen Trade, so sinkt Ihre Summe beim nächsten Trade.

Hierfür eignen sich automatisch rechnende Excel-Tabellen, wenn Sie allerdings ein wenig Übung haben, dann schaffen Sie das auch problemlos im Kopf. Haben Sie jedoch eines immer im Kopf: Verluste sorgen dafür, dass wir unsere Regeln verdrängen, wir traden danach ohne Sinn und Verstand.

Langfristig werden nur die Erfolg haben und sich ihr Vermögen aufbauen, die sich und ihre Emotionen kontrollieren können.

DISZIPLIN

Disziplin ist das Geheimrezept der erfolgreichen Trader. Disziplin hängt mit Selbstkontrolle zusammen. Warum ist das so? Es geht darum, die zu Beginn vereinbarten Rahmenbedingungen umzusetzen und für seinen persönlichen Trading-Plan einzuhalten. Nur so können langfristig Erfolge und somit der Vermögensaufbau erreicht werden. Trader scheitern nämlich meistens nicht an ihrem Handelssystem, sondern fast ausschließlich an der präzisen Aus- und Durchführung des Systems. Denn das Schaffen von Spielräumen und somit eine ungenügende Selbstkontrolle haben oft verheerende Folgen für die Trader.

Profis sehen Disziplin nicht als Last oder als etwas Negatives. Sie nutzen ihre Kenntnisse darüber aus, um Erfolg zu haben, es motiviert sie und deswegen haben sie langfristig Erfolg.

Hierfür gibt es eine goldene Regel von Experten: Ein zu hohes Geldrisiko ist der größte Disziplin-Killer.

Wenn ein Trader im Durchschnitt zwei Prozent seines Kapitals pro Trade setzt und dabei allgemeine Unruhe verspürt, wird er oft dazu neigen, sein Kapital bei Verlusten anzupassen. Derjenige sollte sein System und seine Risikobereitschaft hinterfragen und dieses reduzieren. Denn vergessen Sie niemals, Trader haben selbst geschaffene und sinnlose Ängste. Eine Risikoreduzierung ist unausweichlich, denn niemand zwingt uns, mit Angst zu traden, außer uns selbst.

Ein weiterer Expertentipp ist es, die eigene mangelnde Disziplin mithilfe eines vollautomatischen Handelssystems zu umgehen. Zwar kann es Ihnen passieren, dass ihnen größere Gewinne durch die Lappen gehen, allerdings, und das sollte für Sie als Trader von größerer Bedeutung sein, reduziert sich das Risiko massiv! So ist es für manche Trader eine richtige Entscheidung, ein Handelssystem einzurichten, welches das Investment bei einem gewissen Gewinn verkauft und bei einem festgelegten Verlust verkauft.

Ab an die Börse! Mit diesen 7 Expertentipps werden Sie zum langfristig erfolgreichen Trader!

ENTWICKELN SIE IHR EIGENES HANDELSSYSTEM UND HALTEN SIE AN DIESEM FEST!

Die Entwicklung Ihres eigenen Handelssystems bildet die Basis Ihres Trading-Verhaltens. Es wird Ihnen die Struktur vorgeben und Ihre Trading-Aktivität somit steuern. Folgendes sollten Sie in Ihrem Handelsplan vor Beginn Ihres Vermögensaufbaus festlegen:

• Ihre zeitliche Bindung: Wie viel Zeit möchten Sie in Ihr Trading investieren?

• Ihre Trading-Mittel: Wie viel Kapital steht Ihnen zur Verfügung?

• Ihr Chance-Risiko-Verhältnis: Wie viel Risiko sind Sie bereit, einzugehen und zu welchem Preis?

• Ihre Trading-Strategie: Nach welcher Herangehensweise handeln Sie am   Kapitalmarkt?

• Hier sehen Sie ein konkretes Beispiel, welches Sie auf Ihrer Suche nach Ihrem Handelssystem unterstützen kann:

• Ich werde jeden Morgen __ Stunden und jeden Abend __ Stunden mit meinen Trading-Investitionen verbringen.

• Ich werde jeden Monat zum letzten Wochentag __ € für mein Trading-Kapital zur Verfügung stellen.

• Ich werde nie mehr als __ % meines Portfolio-

Wertes für einen einzelnen Trade setzen.

Der Handelsplan wird Sie unterstützen, Verluste zu begrenzen und Ihnen dabei helfen, Ihre Emotionen während des Tradings zu kontrollieren. Von großer Bedeutung sind dabei immer Ihre individuellen Empfindungen und Persönlichkeitsmerkmale. Sie müssen sich stets im Klaren über diese persönlichen Verzerrungen sein.

LERNEN SIE SICH UND IHRE PERSÖNLICHKEITSMERKMALE KENNEN!

Zu Beginn Ihrer Karriere ist es zudem von großer Bedeutung, dass Sie Ihre eigenen Persönlichkeitsmerkmale festlegen. Hierbei müssen Sie absolut ehrlich zu sich selbst sein. Ihnen muss klar werden, dass jeder Mensch zu impulsiven und kurzfristig entschiedenen Aktivitäten neigt, also gesteuert von eigenen Interessen und Emotionen agiert.

Die Kunst beim Trading ist es nun, dies kontrollieren zu können – das ist der Unterschied zwischen einem Anfänger und einem Profi. Deshalb sollten Sie sich vor jedem Trade darüber im Klaren sein und

Kenntnisse über ihre persönlichen Verzerrungen haben, um Ihre Entscheidungsfähigkeit so objektiv wie möglich zu gestalten.

SEIEN SIE DISZIPLINIERT, AGIE-REN SIE SORGFÄLTIG UND GE-DULDIG!

Sie haben in diesem Ratgeber bereits einiges zur Disziplin erfahren, nun gilt es, dies in die Praxis umzusetzen. Beim Trading ist es wichtig, dass Sie Gewinne nicht durch zu früh geschlossene Positionen verpassen. Sie müssen diese sinnvoll laufen lassen.

Deshalb sollten Sie Ihrer vorigen Analyse Vertrauen schenken und geduldig und diszipliniert an ihr festhalten, solange diese Ihre zuvor festgelegten Ziele erfüllt. Des Weiteren sollten Sie beim Einstieg in einen Trade einen günstigen Moment abpassen, ist dieser nicht da, dann müssen Sie sich in Geduld üben, anstatt gierig nach diesem zu greifen, wenn er gerade äußerst teuer ist.

SIE MÜSSEN STETS ANPAS-SUNGSFÄHIG SEIN.

Grundsätzlich haben Sie sich einen klaren Handels-plan zurechtgelegt, dieser gibt vor, dass Sie sich je-den Tag mit dem Traden am Kapitalmarkt auseinan-dersetzten. Allerdings gibt es Handelstage, welche eine so große Volatilität aufweisen, dass jeglicher Trade ein zu hohes Risiko mit sich bringt.

Dann können Sie die Marktentwicklung nicht abzeichnen und es kann sinnvoll sein, die eigene Handelsaktivität auszusetzen. Im März 2020 schwankten die Kurse massiv aufgrund der Corona-Krise, zu diesen Handelstagen, waren auf Einzelak-tien Tagesdifferenzen von -10 bis +10 Prozent nor-maler Wahnsinn.

An Tagen wie diesen ergibt es keinen Sinn, als Trader aktiv zu sein. Seien Sie anpassungsfähig, be-obachten Sie den Markt, wenn dieser für sich wieder nachvollziehbar erscheint, wägen Sie nun ab, ob Sie von persönlichen Verzerrungen beeinflusst werden. Sind Sie sich nun wieder sicher, dann können Sie wieder die eigenen Handlungsaktivitäten aufneh-men. Bei Unsicherheit lassen Sie die Finger vom spe-kulativen Kapitalmarkt und behalten Sie im Kopf:

Wenn Sie eines an der Börse kontrollieren können, dann ist es die Gewissheit, nichts zu kontrollieren.

AKZEPTIEREN SIE VERLUSTE!

Trader sind besonders anfällig für kurzfristige, unüberlegte und von Emotionen gesteuerten Entscheidungen, wenn Sie Verluste mit einem Trade gemacht haben. Viele versuchen, das Geld wieder zurückzubekommen. Sie investieren ins fallende Messer noch mehr Kapital oder halten an ihrer Investition fest und behalten die fallende Aktie unnötig lange oder erhöhen das Risiko.

Profis unterscheiden sich dadurch, dass Sie sich nicht zu diesen falschen Handlungsaktivitäten hinreißen lassen. Sie sehen das Lernpotenzial in Ihren Verlusten und begreifen diese als Chance, es beim nächsten Mal besser zu machen. Hilfreich kann es sein, eine Trade-Pause einzulegen, um die Gedanken neu zu ordnen. Im Anschluss soll der schiefgelaufene Trade analysiert werden.

Dies ist wichtig, um begangene Fehler zu erkennen und diese in Zukunft vermeiden zu können. So lernen Sie, Ihre Emotionen zu kontrollieren und so werden Sie einen Umgang mit ihnen finden, denn es ist essenziell wichtig für Ihren Erfolg, einen klaren Kopf zu behalten und mit Sinn und Verstand zu traden.

VERANTWORTUNGSVOLLER UM-GANG MIT GEWINNEN

Nachdem Sie sich darüber bewusst geworden sind, die Verluste zu akzeptieren, schauen wir uns das an, wonach wir streben – den Gewinnen! Wenn Sie einen oder mehrere erfolgreiche Trades hatte, ist es für den langfristigen Erfolg entscheidend, mit diesen verantwortungsvoll umzugehen.

Einige Trader erhöhen das Risiko nach einem Gewinn. Nachdem Sie mehrmals erfolgreich gewesen sind, macht sich das Gefühl der Kontrolle breit. Allerdings täuscht dies, der Markt lässt sich nie völlig sicher voraussagen und erst gar nicht kontrollieren. Viele verlieren ihre gemachten Gewinne wieder, da sie ihre Risikogrenzen überschreiten. Dies führt zurück zu Ihrem zuvor festgelegten Handelsplan. Setzen Sie niemals mehr als Ihren dort festgelegten Satz für einen einzelnen Trade.

Damit Sie einen Anhaltswert zur Verfügung haben: Experten setzen meistens höchstens zwei

Prozent ihres Gesamtkapitals pro Trade. Anfänger sollten diesen Wert erstmal nicht überschreiten, auch nicht, nachdem mehrere Trades erfolgreichen gelaufen sind.

Merken Sie sich, auch bei Gewinnen haben Börsenprofis ihr Mindset und ihre Emotionen stets unter Kontrolle und handeln ausschließlich nach ihrem eigenen Handelssystem und überschreiten keine Grenzen.

SCHREIBEN SIE EIN TRADING-PROTOKOLL ÜBER IHRE AKTIVI-TÄTEN AM KAPITALMARKT.

Durch das Schreiben eines solchen Protokolls werden Sie Zusammenhänge und Denkmuster über sich und Ihr Trading-Verhalten kennenlernen.

Notieren Sie sich Ihre erlebten Emotionen und Verhalten über alle gemachten Handlungsaktivitäten, Gewinne und Verluste. Das ist wichtig, um ein Bewusstsein für sich zu entwickeln und die eigenen Emotionen zu verstehen, zu erkennen und kontrollieren zu können. Sie können dieses Tagebuch anschließend auch bei zukünftigen Trades zur Analyse hinzuziehen und alte Entscheidungen stets kritisch reflektieren.

Halten Sie auch den Zeitpunkt fest, an welchem Sie die Entscheidung getroffen haben, die Positionen zu verkaufen, um Verluste zu begrenzen, sowie Endpreise, an welchen Sie Ihre Gewinne gesichert haben. Begründen Sie dies stets mit einem kurzen Nebensatz, um dies später noch nachvollziehen zu können. Es wird Ihnen langfristig in Ihrer Trading-Kompetenzentwicklung helfen, um den Weg zu Ihrem persönlichen Vermögensaufbau erfolgreich gestalten zu können.

Jetzt kann's losgehen!

Der Weg zum profitablen Trader braucht viel Zeit und ist äußerst arbeitsintensiv. Von großer Bedeutung ist es, ruhig, geduldig und stets diszipliniert zu bleiben. Werden Sie zum Experten und bilden Sie sich ständig weiter. Investieren Sie nicht nur in Aktien, Wertpapiere und Sonstiges, sondern in sich selbst.

Lesen Sie Bücher mit fachbezogenem Wissen; Fachjournale, um stets den aktuellen Stand an der Börse nachvollziehen zu können; Schauen Sie sich

Expertisen in den Sozialen Medien an. Zusätzlich müssen Sie sich zwingend mit den psychologischen Auswirkungen des Tradings auf sich selbst bewusst sein. Sie werden lernen müssen, mit den entstehenden Emotionen umzugehen und stets die Kontrolle über sich und Ihre Handlungsaktivitäten zu behalten. Setzen Sie sich Ziele und schaffen Sie Kontrollmechanismen für diese. Durch die Erfüllung und Dokumentation über das Erreichen dieser Ziele werden Sie nachvollziehen können, ob Ihr Handeln sinnvoll war.

Der langfristige Vermögensaufbau von professionellen Tradern kommt nicht von irgendwoher. Er entsteht aus dem unbedingten Wollen der Menschen, stets aus dem eigenen Verhalten zu lernen und die Verantwortung zu übernehmen, unter Einbezug sämtlicher Konsequenzen, die darauf folgen. Zudem ist es wichtig, dass Sie sich über Ihre eigenen Schwächen im Klaren sind, diese reflektieren und mit ihnen umgehen können.

Sehen Sie den Weg Ihrer Trading-Karriere als einen Marathon zum Erfolg. Viele versuchen, diesen sofort im Vollsprint zu beginnen, und hoffen, dass sie schon irgendwie ans Ziel kommen werden –

Hauptsache, so schnell wie möglich. Die Vielzahl der Teilnehmer scheitert daran. Völlig aus der Puste, mit Krämpfen und Problemen mit der Atmung auf den ersten Kilometern müssen sie enttäuscht und wütend auf sich selbst den Marathon abbrechen.

Sie gehören jedoch nicht zu diesen hoffnungslosen Anfängern. Sie werden sich vorbereiten auf den Marathon, einen behutsamen und langsamen Start mit klarem Kopf hinlegen. Zu Beginn profitieren Sie von dem Wissen der bereits erfahrenen Läufer und überprüfen dieses Wissen. Sie werden sich damit auseinandersetzen und Ihre eigenen Schlüsse daraus ziehen und umsetzen. Da nun Ihr erster eigener Marathon beginnen wird, werden Sie langsamer als die erfahrenen Läufer in das Rennen starten, allerdings in Ihrem eigenen Tempo, mit welchem Sie sich wohlfühlen.

Sie werden aufgrund Ihres Ehrgeizes, gebündelt mit Ihrer Selbstkontrolle und Motivation ans Ziel kommen. Fallen Sie auf dem langen Weg hin, dann lernen Sie daraus und machen es in der Zukunft besser und verzweifeln nicht daran. Sie werden zwar länger als diejenigen brauchen, welche zu Beginn losgerannt sind und es per Glück oder Zufall ins Ziel geschafft haben, allerdings ist es viel wichtiger, dass Sie es ins Ziel schaffen werden. Im Anschluss an Ihr Rennen können Sie nun denen helfen, die auch diesen Marathon beginnen möchten.

Teilen Sie Ihre Erfahrung und im Laufe der Zeit gebildete Fachexpertise mit anderen, denn auch an der Börse geht es nicht darum, dass Sie innovativer als andere sind und versuchen, das Rad neu zu erfinden. Es wird auch in Zukunft viel wichtiger sein, dass man seinen eigenen Weg findet, dieser kann auch zuvor schon von vielen bestritten worden sein. Wanderwege mit viel Tourismus sind ebenfalls deshalb so beliebt, da Sie bereits zuvor von einigen anderen Wanderern abgelaufen und für besonders gut empfunden wurden.

Das alles kann und wird Ihnen gelingen, wenn Sie Ihre eigene Trading-Psychologie verstehen und kennenlernen. Fügen Sie dem einen langen Atem hinzu und den Ehrgeiz, niemals auf der Stelle stehen zu bleiben, dann wird es mit dem Vermögensaufbau an der Börse funktionieren.

Dieser Ratgeber wird nun beendet und ich hoffe, Sie konnten einige hilfreiche Schlüsse aus diesem ziehen und können ihn weiterempfehlen. Zum

Abschluss gibt es noch ein Zitat von Warren Buffet, einem der einflussreichsten Anleger unserer und der vergangenen Zeit: „Du musst kein Raketenwissenschaftler sein. Das Investieren in Aktien ist kein Spiel, bei dem derjenige mit einem IQ von 160 denjenigen mit einem IQ von 130 schlägt."

Herstellung und Verlag:
BoD – Books on Demand, Norderstedt
ISBN: 9783753426556

FSC
www.fsc.org

MIX

Papier aus ver-
antwortungsvollen
Quellen
Paper from
responsible sources

FSC® C105338